INTERIORES
mexicanos

tendencias actuales

INTERIORES
mexicanos

EDICIÓN

Fernando de Haro • Omar Fuentes

tendencias actuales

AUTORES . AUTHORS
Fernando de Haro & Omar Fuentes

DISEÑO Y PRODUCCIÓN EDITORIAL . EDITORIAL DESIGN & PRODUCTION

ARQUITECTOS
EDITORES
MEXICANOS
EDITORES

DIRECCIÓN DEL PROYECTO . PROJECT MANAGER
Valeria Degregorio Vega
Tzacil Cervantes Ortega

COORDINACIÓN . COORDINATION
Edali Nuñez Daniel

COLABORADORES . CONTRIBUTORS
Mariana Trujillo Martínez
Mónica Escalante Cervantes

CORRECCIÓN DE ESTILO . COPY EDITOR
Abraham Orozco González

TRADUCCIÓN . TRANSLATION
Dave Galasso

Interiores Mexicanos "Tendencias actuales"
Mexican Interiors "Current trends"

© 2004, Fernando de Haro & Omar Fuentes

AM Editores S.A. de C.V.
Paseo de Tamarindos 400 B, suite 102, Col. Bosques de las Lomas,
C.P. 05120, México, D.F. Tels. 52(55) 5258 0279, Fax. 52(55) 5258 0556.
E-mail: ame@ameditores.com   www.ameditores.com

ISBN Español 970-9726-02-1
ISBN Inglés 970-9726-03-X

Impreso en Hong Kong / *Printed in Hong Kong.*

FRANCISCO LÓPEZ-GUERRA A.

FOTÓGRAFO . PHOTOGRAPHER
Michael Calderwood

8

C O N T E N I D O
C O N T E N T S

Interiores Mexicanos ofrece a quienes tenemos la fortuna de dedicarnos a esta fascinante profesión, la oportunidad de presentar nuestros trabajos más recientes plasmando en sus páginas distintas ideas de cada diseñador para que el lector pueda viajar a través de sus imágenes y transportarse a cada uno de los lugares.

El camino que sigue cada trabajo representa un proceso creativo. Comienza con un programa de necesidades, un análisis y un croquis para llegar a la definición de un proyecto, sigue con la selección de materiales y culmina con la realización del mismo. Para llegar a este punto, interviene un gran número de personas, profesionales, ingenieros, obreros, proveedores, clientes, entre otros, y gracias a su cooperación y esfuerzo se logra la ejecución de la obra. Se trata de un trabajo de equipo donde el arquitecto funciona como un director de orquesta y de su buena coordinación depende el éxito del proyecto.

En su estilo particular, cada espacio ilustra al lector en el arte de la arquitectura de interiores, "creadora de forma", a reconocer el balance entre la necesidad del cliente, su comodidad y nuestra experiencia. Para nosotros es imperativo crear espacios, siempre sorpresivos y originales, que tengan forma y función y que al mismo tiempo inviten a sus moradores a encontrar la paz en ellos. La intención de disfrutar "el inmediato" en respuesta a una necesidad "del hoy" en un libro que nos llena de tentaciones y emociones, de imágenes bellas, al caminar por sus páginas y disfrutar los proyectos terminados.

Porque tratamos de construir una sociedad mejor, porque intentamos buscar la forma de los nuevos tiempos en todos los lenguajes de la belleza y porque queremos dar cauce a una pasión compartida entre quienes nos hemos dedicado a esta profesión, los invitamos a compartir con nosotros estos espacios.

"Tuve suerte de encontrar a un hombre desprovisto de prejuicios que me confió la construcción de su casa" Le Corbusier.

C'CUBICA

EMILIO CABRERO · ANDREA CESARMAN · MARCO A. COELLO

INTRODUCTION

For anyone fortunate enough to be involved in this profession, Interiores Mexicanos offers a unique opportunity to present his or her most recent work. With the turn of each page, the reader finds new ideas that transport them to the very space itself.

The culmination of any project represents a creative process. The journey begins by establishing needs. Next comes an in-depth analysis of the overall concept and a road map on how to get there. Only then are the materials chosen and the design executed. A significant number of persons are involved in getting to this point —professionals, engineers, workers, suppliers, customers –- all intervene. It is only through their cooperative effort that the project is completed. This type of teamwork speaks directly to the commitment and leadership skills of the architect, who functions like an orchestra director and upon whom the success of the project ultimately depends.

The solutions in this book offer insight into the art of interior design, the pursuit of bringing together the customer's requirements and comfort with the designer's experience. The need to create spaces that surprise and please through their originality, meet the demands of form and function, and invite the owners to enjoy the finished product, is an imperative drive for the designer.

The desire to enjoy the "here and now" in response to a need "today" is well represented in this collection of stimulating images, tempting ideas and conceptual inspiration. Designers want to build a better society; they want to be able to match the right form with the time in any design language; they want to give voice to a passion shared by those in their profession. Because of this, they want to share these spaces with you. "I had the good fortune to find a man free of preconceptions that entrusted me to build his home." Le Corbusier.

C'CUBICA

EMILIO CABRERO · ANDREA CESARMAN · MARCO A. COELLO

La arquitectura de interiores se ha consolidado como un elemento esencial en la creación de espacios donde transcurra la vida cotidiana de manera confortable y placentera. El diseño se incorpora a la forma y la función del contexto arquitectónico e interpreta, con la máxima fidelidad, las aspiraciones y las expectativas de sus futuros moradores. Para ello se vale de una gama infinita de posibilidades que empieza con la identificación del entorno y continúa con la elección de los materiales, los colores, las texturas, las posibilidades de iluminación, el mobiliario, los objetos decorativos y las obras de arte. Todo ello armonizado con talento e imaginación.

Interior design has become central to the creation of pleasant, comfortable spaces in our daily lives. While good design faithfully incorporates the form and function of the overall architectural concept, it's primary purpose is to meet the desires and expectations of the inhabitants. To that end the designer draws upon an infinite assortment of possibilities, beginning with the setting then continuing with the selection of materials, colors, textures, lighting, furnishings, decorative objects and artwork - all ultimately brought together with talent and imagination.

2

1

1 y 4
RUBÉN BASURTO GÓMEZ

FOTÓGRAFO . PHOTOGRAPHER
Héctor Velasco Facio

2
ALFONSO LÓPEZ BAZ
JAVIER CALLEJA J.

FOTÓGRAFO . PHOTOGRAPHER
Héctor Velasco Facio

3
MARIANGEL ÁLVAREZ C.
COVADONGA HERNÁNDEZ G.

FOTÓGRAFO . PHOTOGRAPHER
Héctor Velasco Facio

3

4

Proyectos sobrios y acogedores, atmósferas íntimas con la calidez de la arquitectura tradicional y la funcionalidad del estilo vanguardista. Juego de simetrías y asimetrías, luz natural que se incorpora a los acabados como un elemento de contraste inusitado. Generosidad en las dimensiones, arquitectura contemporánea que juega con las texturas de mármol en los pisos, la madera en los muros y elegancia en los muebles de diseño exclusivo. Luminosa transparencia de cristales que permite un recorrido visual sin obstáculos por la perspectiva de los espacios. Así es como trabajan y producen los profesionales mexicanos empeñados en personalizar cada proyecto, en crear espacios para ser vividos y también disfrutados; arquitectos e interioristas, decididos a transformar la palabra diseño, en todo un estilo de vida.

Clean, affable solutions that combine the warmth of traditional architecture with modern functionality; the interplay of symmetry and asymmetry; the use of natural light for an unique contrast; dimensional generosity; contemporary textural juxtaposition of marble on the floors, wood on the walls and original furniture design; the luminous transparency of glass for unobstructed visual sightlines through a space – these are some of the tools today's Mexican professional designers use to create personalized interiors that are to be lived in and enjoyed. These are the people devoted to transforming the word design into a lifestyle.

GUILLERMO ALMAZÁN CUETO
GERARDO VARELA ELIZONDO

GRUPO INMOBILIARIO ALCO

Guillermo Almazán y Gerardo Varela, ambos de la Universidad Iberoamericana, fundaron el **Grupo Inmobiliario Alco,** en 1992. Además de residencias individuales, han desarrollado conjuntos horizontales, edificios de oficinas, comercios y laboratorios farmacéuticos. En cada proyecto se percibe el intento de lograr la integración de una arquitectura de vanguardia con las raíces y formas de la arquitectura tradicional mexicana. Su premisa principal es entender las necesidades del cliente e interpretarlas de una manera sencilla y elegante, con una arquitectura que se basa en el uso de elementos tradicionales como la cantera, la madera, los aplanados de cemento y las tejas de barro. En esta construcción participó el arquitecto Dirk Thürmer como gerente de proyecto.

Guillermo Almazán and Gerardo Varela formed Grupo Inmobiliario Alco in 1992 after graduating from the prestigious Universidad Iberoamericana in Mexico City. In addition to quality homes, they have designed and built low-rise horizontal complexes, office buildings, stores and pharmaceutical laboratories. Each project shows a commitment to integrating contemporary design with the best of traditional Mexican architecture. Their work is guided by an intimate understanding of the customer's needs. Those are then expressed in a simple yet elegant manner based on the use of traditional elements like handcrafted stonework, wood, textured cement surfaces and clay tile roofs. Architect Dirk Thürmer collaborated on this home as project manager.

CASA SAN CARLOS
Metepec, Edo. de México

FOTÓGRAFO . PHOTOGRAPHER
Paul Czitrom

La fusión de la arquitectura tradicional mexicana con los elementos más actuales de tecnología y decoración, ayudó a crear una atmósfera de calidez y comodidad.

The fusion of traditional Mexican architecture with modern technologies and decorations helped us create a warm, comfortable atmosphere.

MARIANGEL ÁLVAREZ COGHLAN
COVADONGA HERNÁNDEZ GARCÍA

MARQCÓ

Marqcó surge del sueño de Mariangel y Covadonga de hacer interiorismo de alta calidad. Su objetivo es trabajar en equipo con el cliente, a fin de satisfacer plenamente sus gustos y necesidades concretas, en una relación de asesoría profesional y atención personalizada. La propuesta de **Marqcó** parte de un estilo simple, limpio y ordenado, que considera las tendencias vanguardistas y la búsqueda de nuevos materiales, formas y texturas. Desarrollando una visión antropológica del diseño de interiores, teniendo como fin a la persona con sus aspiraciones, experiencias, necesidades y deseos; bajo esta perspectiva, considera el hogar como centro principal del ser humano, que será testigo de los mejores momentos de su vida.

Marqcó was created as a shared dream of Mariangel and Covadonga to provide quality interiors. They approach each project by forming a team with the client in order to define and meet their specific tastes and needs. Supported by **Marqcó's** professional consulting services and very personal type of attention, the firm offers solutions generated from a clean, simple, organized style that embraces contemporary trends, new materials, forms and textures. The company's vision of interior design is anthropological in nature. Decisions are based on the person and his or her expectations, experiences and desires. Guided by this perspective, they see the home as a human being's main center; the place that will bear witness to the best moments of one's life.

CASA IXTAPAN
Ixtapan de la Sal, Edo. de México

FOTÓGRAFO · PHOTOGRAPHER
Héctor Velasco Facio

Poner el toque Marqcó en una vivienda significa entender los gustos y costumbres de quien la habita. Lograr un espacio funcional, armónico y confortable es nuestra prioridad.

To give a home the Marqcó touch means to understand the preferences and habits of whoever lives there. Our priority is to create a functional, harmonious, comfortable space.

CASA CUERNAVACA

Cuernavaca, Mor.

FOTÓGRAFO . PHOTOGRAPHER
Héctor Velasco Facio

Lograr un espacio elegante y que a la vez sea casual, requiere de un estudio detallado de todos los elementos, de entender a la arquitectura y a las personas que vivirán en ella. En Marqcó es básico trabajar en equipo para lograr el propósito.

To make a space both elegant and casual, it is important to first study every element in detail, to understand both the architectural structure and the people who will be living in it. At Marqcó, teamwork is a basic part of the process.

CASA LA LOMA
México, D.F.

FOTÓGRAFO . PHOTOGRAPHER
Héctor Velasco Facio

El concepto Marqcó se logra estudiando el espacio desde todas las perspectivas para proponer elementos y mobiliario que se integren a la arquitectura y complementen los espacios aumentando su belleza.

The Marqcó concept is the result of careful study, viewing the space from every perspective in order to propose elements and furnishings that can be easily integrated into the architecture, and that complement and beautify it.

MARIO ARMELLA GULLETE
MARIO ARMELLA MAZA
ALEJANDRA PRIETO DE P.
CECILIA PRIETO DE MTZ.

ARMELLA ARQUITECTOS / DUPUIS

El concepto de diseño de **Armella Arquitectos,** se basa en crear una arquitectura contemporánea adecuada a su contexto. La arquitectura debe ser descubierta al recorrerse. Para lograr una mayor armonía debe buscarse una integración entre las áreas construidas, los jardines y los espacios abiertos que los contemplan. Por eso consideran indispensable trabajar muy de cerca con el cliente, a fin de encontrar soluciones originales y personales en cada proyecto.

El objetivo de **Dupuis** es ofrecer la posibilidad de amueblar y decorar espacios con un estilo auténtico, sofisticado, fino, cálido y de buen gusto, por lo que le corresponde el mérito de haber popularizado su propio estilo en México y de haber despertado el interés por el diseño mexicano en el extranjero.

Armella Arquitectos' design concept is based on creating contemporary architecture congruent with its context. They believe architecture should be an experience of discovery and that to achieve greater harmony the designer must integrate the construction with the property and its open spaces. To that end, they work very closely with the customer to reach original, personal solutions for each project.

Dupuis' objective is to bring its refined, warm style of authentic good taste to furnishing or decorating a space. In line with this pursuit, the company deserves merit for having popularized its own style in Mexico and awakened interest for Mexican design abroad.

DEPARTAMENTO CLUB DE GOLF BOSQUES

México, D.F.

FOTÓGRAFO . PHOTOGRAPHER

Sebastián Saldívar

El departamento se va descubriendo al recorrerlo desde el acceso y hacia el vestíbulo, donde un espejo de agua recibe al visitante y lo conduce a la estancia y el comedor. El corredor, que remata en un tragaluz, sirve de transición entre el espacio público y las áreas privadas.

The visual experience of the apartment begins when entering the front door. From there the eye naturally goes to the vestibule where a water mirror entices and leads into the living room and dining room. The hall, which has a large skylight as a coda, serves as a transition between the public and private areas.

RUBÉN BASURTO GÓMEZ

GRUPO CORAGGIO

Grupo Coraggio es una empresa fundada en 1999, dedicada al desarrollo integral de la construcción, cuya misión principal es ofrecer proyectos innovadores, creativos y dinámicos. Dichos proyectos se desarrollan detalladamente a través de cuatro divisiones: construcción, consultoría en ingeniería y arquitectura, diseño de interiores y acabados, dentro de las cuales cada experto proporciona sus conocimientos y sus tendencias para ofrecer una obra concreta de profundo impacto. En la división diseño de interiores, Paul Lyons (LDI Y MFA) crea el mobiliario para lograr diseños de excelente calidad que van directamente relacionados con el entorno y cumplen con las exigencias de la arquitectura y el diseño contemporáneo.

Founded in 1999, Grupo Coraggio specializes in the integral development of construction projects. Its main mission is to offer its customers innovative, creative, dynamic ideas. The firm carefully develops each detail of its projects through the company's four divisions: Construction, Engineering and Architectural Consulting, Interior Design, and Finishes. Each division is made up of specialists who bring their knowledge and creativity to deliver an impressive end product. In the Interior Design Division, Paul Lyons (Bachelor's in Interior Design and Master's of Fine Arts) is responsible for designing high quality furnishings that are directly related to the space and that meet the demands of the contemporary architectural concept.

DEPARTAMENTO MANHATTAN
México, D.F.

FOTÓGRAFO . PHOTOGRAPHER
Héctor Velasco Facio

El diseño interior, desde el análisis de la arquitectura hasta la producción del mobiliario y la selección de obras de arte, telas y texturas, se debe íntegramente a la creatividad de Grupo Coraggio, que asumió el compromiso de crear un ambiente estilo Manhattan, de gran clase y elegancia.

Grupo Coraggio welcomed the opportunity to create an elegant Manhattan-style environment. The firm was wholly responsible for the interior design, from the analysis of the architecture to the production of the furnishings and selection of art, fabrics and textures.

EMILIO CABRERO HIGAREDA
ANDREA CESARMAN KOLTENIUK
MARCO A. COELLO BUCK

C'CÚBICA / GRUPO FRONDOSO

C'Cúbica fue invitado a participar creando un ambiente interior cálido y acogedor resolviendo hasta el último detalle del espacio con la intención de entender las necesidades del usuario, de una manera funcional, reflejándolas en una arquitectura contemporánea. Grupo Frondoso logra un desarrollo de espacios residenciales considerados a la altura de los mejores del mundo. En Frondoso Lomas Country se conjunta un grupo de elementos esenciales como el equilibrio, la armonía, el lujo y la naturaleza.

C'Cúbica architects were invited to create a warm, convivial interior environment by resolving everything down to the last detail so that the resulting contemporary architecture accurately responded to and reflected the owner's needs. Grupo Frondoso's elegant home designs are considered on a par with the best in the world. This can be seen at the Frondoso Lomas Country residential development where essential elements such as equilibrium, harmony, luxury and nature are skillfully combined.

DEPARTAMENTO FRONDOSO LOMAS COUNTRY
México, D.F.

FOTÓGRAFO . PHOTOGRAPHER
Sebastián Saldívar

El lenguaje del estilo es contemporáneo. El ambiente de confort y luminosidad lo proporcionan el mármol crema marfil en pisos y baños, los pisos de madera y el pasto japonés, de diferentes tonalidades, en los muros.

The language of the style is contemporary. A comfortable ambiance where light is key is achieved with the use of taupe-colored marble floor and bathroom treatments, wooden floors, and different tonalities of Japanese grass mats on the walls.

FERNANDO DE HARO LEBRIJA
JESÚS FERNÁNDEZ SOTO
OMAR FUENTES ELIZONDO

A B A X

En busca de complementar creativamente el diseño arquitectónico a través del diseño de interiores, **Abax** hace uso de la experiencia acumulada durante más de 20 años para regalar a los habitantes de sus diseños la cálida vivencia de gozar su espacio.

Fernando de Haro Lebrija, Jesús Fernández Soto y Omar Fuentes Elizondo, han creado como filosofía generar espacios que, además de satisfacer las necesidades relacionadas en el programa arquitectónico, sean obras que provoquen emociones, ofreciendo un ambiente que signifique y describa por sí mismo el objeto para el que fueron creados.

To creatively complement an architectural concept through interior design, Abax draws on its more than 20 years of accumulated experience to give those that inhabit their designs the gift of enjoying their space. The philosophy of Abax partners Fernando de Haro Lebrija, Jesús Fernández Soto and Omar Fuentes Elizondo is to design spaces that not only meet the practical requirements of an architectural program, but that also arouse emotion and fashion an environment that expresses the reason for which its was created.

CASA EN BOSQUES DE SANTA FE
México, D.F.

FOTÓGRAFO . PHOTOGRAPHER
Héctor Velasco Facio

La integración del paisaje y la belleza natural que ofrece el entorno a los espacios interiores, enriquece el diseño arquitectónico y se convierte en un motivo más para que nuestros clientes disfruten sus casas.

Integrating the natural beauty of the surrounding landscape with the interior enriches both the architectural design and the customer's living experience.

CASA BOSQUES DE SANTA FE II
México, D.F.

FOTÓGRAFO . PHOTOGRAPHER
Héctor Velasco Facio

La sencillez que brinda un espacio, a través del análisis de los elementos más comúnmente utilizados, permite crear diseños muy agradables.

The ultimate simplicity of spatial design is achieved through an analysis of the most frequently used elements.

CASA HACIENDA SANTA FE
México, D.F.

FOTÓGRAFO . PHOTOGRAPHER
Héctor Velasco Facio

El diseño y la funcionalidad de los espacios deben de integrarse en cordial armonía.

Interior design and function should always work together in harmony.

SUITES QUERÉTARO
Querétaro, Qro.

FOTÓGRAFO . PHOTOGRAPHER
Héctor Velasco Facio

La elegancia del espacio se complementa con un sobrio y vanguardista diseño de interiores.

The elegance of the space is complemented by a clean, vanguard interior design.

AVELINO GONZÁLEZ ESPINOZA
BLANCA GONZÁLEZ DE OLAVARRIETA
MARIBEL GONZÁLEZ DE DANEL
MELY GONZÁLEZ DE FURBER

COVILHA

Covilha, cuenta con una experiencia de más de 10 años en el desarrollo de proyectos arquitectónicos y de decoración de toda índole, desde pequeños espacios comerciales hasta programas de decoración de hoteles, residencias y oficinas, siempre respetando los gustos y necesidades de sus propietarios. El objetivo es lograr que cada cliente se sienta en un ambiente propio, en armonía con el entorno, y en un espacio diseñado de acuerdo con su personalidad y con sus expectativas más exigentes.

The *Covilha* design firm has been developing all types of architectural and interior decoration projects for over ten years. From residences to offices, small commercial spaces to furnishing entire hotels, they always center their work on respect for the client's tastes and needs. At the core of their work philosophy is the belief that each customer should feel personal ownership of the space, and that space should reflect the user's personality, address his or her expectations and create an integrated sense of balance and belonging.

CASA BRISA

México, D.F.

FOTÓGRAFO . PHOTOGRAPHER
Alejandro Jiménez

Las líneas, de una elegante simpleza, responden a la tónica definida por el proyecto arquitectónico y permiten crear ambientes de gran calidez y sobriedad, sin perder la clase y el señorío.

The elegantly simple lines harmonize with the tone of the architectural project to create comfortable contemporary environments without sacrificing class or style.

CASA DESIERTO DE LOS LEONES

México, D.F.

FOTÓGRAFO . PHOTOGRAPHER
Alejandro Jiménez

La constante en este proyecto, son las obras de arte. Los elementos de arquitectura
y decoración se manejaron de modo muy ecléctico a fin de lograr plena armonía
entre los diferentes estilos y las piezas decorativas, únicas en su género.

*The recurring motif of this project is the art. The eclectic architectural and decorative
concept achieves a sensitive equilibrium between the different styles and pieces, each
unique in their genre.*

ALEJANDRO HERRASTI ORDAZ

INTEGRA, ARQUITECTURA E INTERIORES

Alejandro Herrasti O., es egresado del I.T.E.S.O. de Guadalajara, e hizo estudios de posgrado en la Universidad de Cornell, en su sede del *Palazzo Massimo*, en Roma. Su principal desempeño en la actualidad es en el campo residencial, donde su trabajo se caracteriza por el paralelismo de los proyectos arquitectónico y de interiores, disciplinas indivisibles y complementarias con las que persigue la creación de ambientes de fuerte personalidad. "...Creo en los valores de la arquitectura y no soy arquitecto de tendencias, procuro que cada trabajo exprese individualidad, misma que permita a cada proyecto, una amable evolución en el tiempo. Los arquitectos necesitamos de un cliente y sus circunstancias para expresar y realizar nuestras ideas y por ello me parece, que el resultado de cada experiencia debe ser único."

Alejandro Herrasti is a graduate of Guadalajara's I.T.E.S.O. and did postgraduate work at the Palazzo Massimo through the special Rome Program offered by Cornell's College of Architecture, Art & Planning. His focus at present is on residential design, and his work is characterized by an inseparable parallelism between the architectural and interior concepts - complementary disciplines with which he achieves the creation of spaces with strong identities. "I believe in the true values of architecture and as such do not subscribe to trends. My vision is for each project to express its own individuality and age gracefully over time. As architects, we need the interaction with a customer and their special circumstances for our ideas to exist. That being the case, I feel that the result of each experience should be unique," says Mr. Herrasti.

DEPARTAMENTO RINCÓN DEL BOSQUE

México, D.F.

FOTÓGRAFO . PHOTOGRAPHER

Sebastián Saldívar, Héctor Velasco Facio

Dentro de un marco de arquitectura contemporánea, sobresale el rescate de antiguas técnicas artesanales: pisos de madera tratados con cera de abeja, marqueterías de maderas exóticas y hueso en lambrines y puertas, mosaicos de mármol y madera en pisos, "stucco veneziano", cuero cordobés y aplicaciones de piel de mantarraya.

Noteworthy within the context of contemporary architecture is the recuperation of old artisan techniques, such as wood floors treated with bees wax, exotic wood and bone inlays in wood paneling and doors, exquisite floor designs in marble and wood, Venetian stucco, and the use of handcrafted leather and manta ray skin.

ALFONSO LÓPEZ BAZ
JAVIER CALLEJA J.
GRUPO LBC

Alfonso López Baz y Javier Calleja trabajan juntos desde 1971 como López

Baz y Calleja y a partir de 1987 forman **Grupo LBC Arquitectos.** Ambos son originarios de

la ciudad de México, y egresados de la UNAM. Han sido catedráticos e impartido conferencias

en diferentes universidades y cuentan con numerosas exposiciones y reconocimientos en

el ámbito nacional e internacional. Han diseñado obras para distintos propósitos, el

habitacional, el de oficinas, la cultura y la recreación y la arquitectura de interiores; para ello

han conjuntado grupos interdisciplinarios de especialistas en campos como el diseño

industrial, el de mobiliario, la metal-mecánica, la iluminación y la acústica.

Alfonso López Baz and Javier Calleja have worked together since 1971, first as López Baz y Calleja, and from 1987 to present as **Grupo LBC Arquitectos.** *Natives of Mexico City and graduates of the UNAM, both are excellent lecturers, have given conferences at different universities, had their work exhibited at numerous expositions, and been acknowledged with various domestic and international awards. Their project portfolio ranges from high-end homes to offices, cultural and recreational spaces, and interiors. Their success in each area has in part been the result of their talent in bringing together multi-disciplinary groups specializing in fields such as industrial design, furniture design, metal mechanics, lighting and acoustics.*

DEPARTAMENTO SOBRE EL BOSQUE 1
México, D.F.

FOTÓGRAFO . PHOTOGRAPHER
Héctor Velasco Facio

La sala, el comedor y las recámaras, se vuelcan a la vista espectacular de la ciudad, mientras que el mobiliario se engarza y flota entre las generosas dimensiones del departamento.

The living room, dining room and bedrooms openly embrace the spectacular view of the city while the furnishings connect and float among the apartment's generous spaces.

FRANCISCO LÓPEZ-GUERRA A.

LÓPEZ-GUERRA ARQUITECTOS / MUSEOTEC

Ganador del Premio Nacional de Arquitectura "Luis Barragán", **Francisco López-Guerra Almada,** estudió la carrera de arquitectura en la Universidad Anáhuac y se tituló con certificado de la UNAM. Fue discípulo de maestros como Pedro Ramírez Vázquez, Fernando López Carmona, Manuel de la Colina, Juan José Díaz Infante y Ernesto Aguirre Cárdenas. Inicia su vida de trabajo justamente con Pedro Ramírez Vázquez en 1967, y su práctica independiente en 1973, ahí comienza el proceso de recuperación de antiguos colaboradores de su padre, quienes le permitirían retomar experiencias anteriores y evolucionar con nuevas oportunidades. La especialización en proyectos de museos de todos tipos, se suma a su prolífica obra residencial y de edificios de oficinas.

Winner of the Luis Barragán National Architecture Award, Francisco López-Guerra Almada studied at the Universidad Anáhuac in Mexico City. He was a disciple of Mexican masters Pedro Ramírez Vázquez, Fernando López Carmono, Manuel de la Colinam, Juan José Díaz Infante and Ernesto Aguirre Cárdenas. He started his professional career with Pedro Ramírez Vázquez in 1967, and his own business in 1973. That is when the process of recuperating old collaborators of his father began, who supported his efforts to build on their experience and evolve. It is worth nothing that, in addition to his prolific output of residential and office projects, Mr. López-Guerra is also deeply involved in museum projects as well.

DEPARTAMENTO RESIDENCIAL POLANCO
México, D.F.

FOTÓGRAFO . PHOTOGRAPHER
Michael Calderwood

Cada rincón está diseñado para cumplir una función específica. Su orden discreto y sencillo guarda equilibrio con el toque distinguido de las obras de arte y una iluminación definida.

Every area is designed for a specific purpose. The well judged simple order achieves balance with the distinguished pieces of art and lighting.

Un diseño limpio, sencillo y armonioso, con ambientes generosamente amplios y confortables y la cuidadosa combinación de mobiliario, accesorios, texturas e iluminación, ofrece sobriedad, armonía y elegancia a todo el departamento.

Harmony and elegance are achieved throughout this apartment thanks to the clean, comfortable design of large spaces and the careful combination of furnishings, accessories, textures and lighting.

JUAN SALVADOR MARTÍNEZ
LUIS MARTÍN SORDO C.

MARTÍNEZ - SORDO

Con 16 años de experiencia en el diseño de interiores, Juan Salvador Martínez y Luis Martín Sordo C., dan vida a sus espacios con un equilibrio entre estética y funcionalidad. El estilo depende de la personalidad de cada cliente, pero siempre en busca de armonía y comodidad. Su objetivo es que los lugares que crean obtengan un gusto muy internacional, con materias primas naturales en la decoración y en la construcción.

El despacho **Martínez-Sordo** cuenta con un equipo de especialistas en arquitectura, interiorismo, decoración y diseño arquitectónico comprometidos con la búsqueda de la satisfacción de sus clientes.

With 16-years of experience designing interiors, Juan Salvador Martínez and Luis Martín Sordo C. impart life to their spaces by balancing beauty and function. While the style of each project is largely influenced by the client's personality, what ultimately guides each decision is the pursuit of comfort and harmony. Their objective is to create very "international" spaces by using a wide range of natural materials for decoration and construction.

*The **Martínez-Sordo** design firm is made up of a team of specialists in architecture, interiors, decoration and spatial design committed to the customer's satisfaction.*

DEPARTAMENTO TORRE LORETO

México, D.F.

FOTÓGRAFO . PHOTOGRAPHER
Héctor Velasco Facio

Un ambiente elegante, desenfadado, lleno de luz y confort que cumple perfectamente con las expectativas de quien lo habita. El diseño, de estilo clásico contemporáneo, refleja la personalidad, jovial y alegre de su exitoso propietario.

A classical contemporary design that reflects the owner's upheat personality. Full of light, this pleasant, elegant, comfortable setting perfectly meets the expectations of the person who inhabits it.

CASA CLUB DE GOLF

México, D.F.

FOTÓGRAFO . PHOTOGRAPHER

Héctor Velasco Facio

Las sedas, la piel terminada en colores naranja y verde, definen la calidez y la frescura de un espacio que acepta alfombras clásicas y ornamentos en piedra y hueso. El resultado es una atmósfera sofisticada y relajante al mismo tiempo.

The combination of the silks and leather, tinted with orange and green hues, define the warmth of a unique space where classic oriental rugs work naturally with stone and bone art pieces. Sophisticated yet relaxing.

LAURA MERCADO PATIÑO

DE FIRMA

Diseñadora de interiores mexicana, egresada de la Universidad Motolinía del Pedregal, su actividad laboral comenzó en el ramo de la hotelería realizando diferentes proyectos en el interior de la república mexicana, es entonces donde conoce a su esposo Enrique Espinosa, fabricante de muebles dedicado al mismo ramo por lo que en 1995 surge la idea en ellos de abrir al público la tienda **De Firma,** muebles y accesorios.

El concepto se basa en desarrollar proyectos sobre diseño donde el cliente expresa sus necesidades de funcionamiento y espacio para crear tanto el mobiliario como los ambientes idóneos de cada caso en particular.

Mexican, an interior designer, a graduate from Mexico City's Universidad Motolinía, Ms. Mercado started her professional practice with different projects in Mexico's hospitality industry. Together with her husband, furniture manufacturer Enrique Espinosa, they decided to go public in 1995 with their **De Firma** store, which offers high-end custom designed contemporary furnishings and accessories. Here the customer can give free reign to their desires and practical requirements. From that point, the creative process takes over and the result can be anything from a unique piece of furniture to engaging paintings or decorative pieces that wholly respond to the client's wishes.

CASA PIZARRA

México, D.F.

FOTÓGRAFO . PHOTOGRAPHER

Ignacio Urquiza

Es un proyecto de interiores donde se logra la proporción y la calidez dentro de espacios amplios y luminosos, creando la casa ideal para sus habitantes.

The remodeling of this interior led to the creation of a well-lit spacious environment that is ideal for large gatherings of friends or family.

O L G A M U S S A L I H.
S A R A M I Z R A H I E E.

C - C H I C

C-chic es una empresa fundada por Sara Mizrahi y Olga Mussali, dos jóvenes mexicanas que logran transformar un espacio en proyectos innovadores, vanguardistas y de diseño. Dedicadas al interiorismo, crean un ambiente armónico, desde la propuesta arquitectónica, pasando por la elaboración de cada elemento, hasta el detalle perfecto, logrando un equilibrio y un balance entre el funcionalismo y la estética.

"Una vez que conozcan a **C-chic** se darán cuenta del resultado que es salirse de lo ordinario, dando importancia a los detalles personales, lo cual transforma una habitación simple en un lugar con personalidad propia".

*C-chic is an interior design firm started by Sara Mizrahi and Olga Mussali, two young Mexicans who transform spaces into innovative, contemporary statements. Mizrahi and Mussali use their extensive background in interior design to create harmonious environments, from the architectural concept to the elaboration of each element, right down to the smallest perfect detail, thus achieving a balance between beauty and function. Once you get to know **C-chic**, you will see what it means to think outside the box, focusing on the personal details to transform a simple room into a place with its own unique personality.*

DEPARTAMENTO VERDE

Acapulco, Gro.

FOTÓGRAFO . PHOTOGRAPHER

Maayan Jinich

Inspiración vanguardista basada en una propuesta limpia y cálida, jugando con lo simétrico y asimétrico, en colores cítricos, al mismo tiempo frescos e innovadores.

Vanguard inspiration based on a clean, friendly design that combines symmetrical and asymmetrical elements with citric colors for a sense of freshness and innovation.

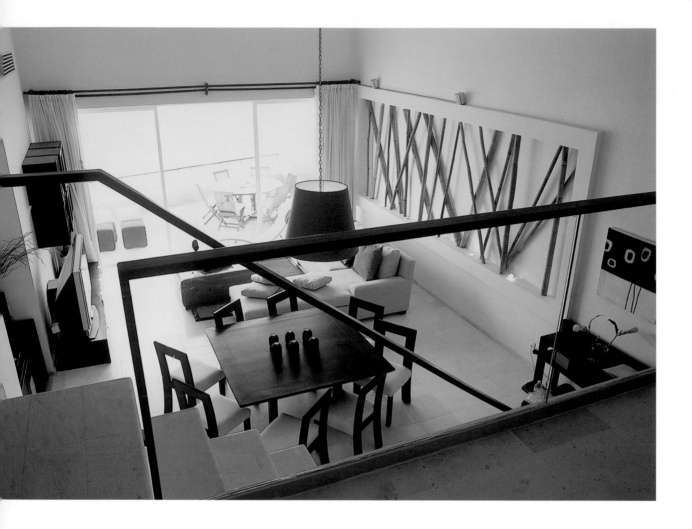

DEPARTAMENTO NARANJA
Acapulco, Gro.

FOTÓGRAFO . PHOTOGRAPHER

Maayan Jinich

Esta perfecta composición armónica trae consigo los componentes clave de altura, escala y textura. Marcando el estilo con el diseño y la colocación estratégica de los accesorios.

This perfectly balanced composition carefully integrates the components of height, scale and texture, which are complemented by the style of the design and strategic placement of accessories.

LOUIS POIRÉ
MODA IN CASA

Moda in Casa nace en 1979 en una pequeña tienda en la calle de Altavista, en el sur de la ciudad de México; en 1983 da su primer gran paso, se extiende en el mismo lugar y en 1993 inaugura la segunda tienda al norte de la ciudad de México, concebido por un equipo internacional. La arquitectura de las tiendas **Moda in Casa** es un espacio neutro para exhibir y vender piezas de diseño de uso cotidiano. En 2002 inaugura la tercera tienda en San Pedro Garza García Monterrey, en el interior de la república mexicana, consolidando con ello su mercado internacional.

Moda in Casa began in 1979 as a small shop on the tree-lined street of Altavista in southern Mexico City. In 1983, the company took its first major step by expanding, and then again in 1993 by opening its second store in northern Mexico City, which was designed by an international team. The architecture of **Moda in Casa** stores is intentionally neutral to more effectively exhibit and sell the beautiful pieces that are used everyday in homes and offices. In a move to consolidate an international presence, in 2002 they opened their third store in Monterrey, Nuevo León, not far from the United States.

CASA SAN ÁNGEL

México, D.F.

FOTÓGRAFO . PHOTOGRAPHER
Moda in casa

La experiencia de crear un espacio que transmita calidez y armonía son algunos de los atributos con los que Moda in Casa confirma su concepto del espacio interior.

A unique ability to create spaces that transmit warmth and harmony is one of the many interior design attributes of Moda in Casa.

ANTONIO RUEDA VENTOSA

ART ARQUITECTOS

Antonio Rueda Ventosa, egresado de la Universidad Anáhuac, con un diplomado de la Universidad Iberoamericana, funda **Art Arquitectos** en 1990 y desarrolla proyectos residenciales y comerciales, principalmente. Procura la adaptabilidad de la función del espacio a las necesidades del cliente, usa pocos materiales en acabados para conseguir intemporalidad en la obra, busca versatilidad en el mobiliario y flexibilidad en los accesorios y un manejo mágico de la iluminación de los espacios. Su arquitectura tiende al estilo contemporáneo, con exaltación en los detalles y su premisa es el confort en todos sus aspectos. En el 2000 funda Interiorismo Contemporáneo como *showroom* de mobiliario y accesorios contemporáneos.

Antonio Rueda Ventosa holds a degree in architecture from the Universidad Anáhuac and a diploma from the Universidad Iberoamericana. In 1990 he founded Art Arquitectos, which is mainly dedicated to designing and building residential and commercial projects. Adapting the function of each space to the needs of the client, architect Rueda's designs are distinguished by an economy of materials and timelessness in finishes, a versatility in furnishings, flexibility in accessories, and a magical handling of lighting. While his architectural style tends to be contemporary with a highlighting of details, his guiding premise is comfort in all of its aspects. In 2000 he opened Interiorismo Contemporáneo, a contemporary furniture and accessories showroom.

PENTHOUSE PLAYAMAR
Acapulco, Gro.

FOTÓGRAFO . PHOTOGRAPHER
Denisse Escamilla

Excelente vista, relajación y descanso distinguen a este penthouse. Colores que evocan el lugar, arena, vegetación y mar. Mármol, madera, tapicería en verde. Estilo contemporáneo sin caer en lo rústico. Minimalismo que requiere pocos cuidados y enfatiza la frescura.

An excellent view and rest and relaxation; these are the attributes that distinguish this penthouse. The colors of the marble, wood and different tones of green fabrics bring the setting into play: sand, rich plantlife, the sea. Contemporary without being rustic. Low maintenance minimalism with a focus on freshness.

JAVIER SORDO MADALENO
ANA PAULA DE HARO LEBRIJA
CLAUDIA LÓPEZ DUPLAN

DENTRO

Con seis años de experiencia, **Grupo Dentro,** formado por Javier Sordo

Madaleno, Ana Paula de Haro Lebrija y Claudia López Duplan se ha consolidado en el mercado

del diseño de interiores como la mejor opción para adquirir un concepto diferente de vivir

un espacio. Éxito que se debe al estilo original y vanguardista de sus diseños y al manejo

del material, siempre cerca de nuestra cultura y nuestras raíces, combinado con nuevas ideas.

La filosofía de **Dentro** es captar la esencia de las necesidades de cada cliente, entendiendo su

estilo de vida y creando diseños que se adecuen de forma personal.

With six years together as *Grupo Dentro,* Javier Sordo Madaleno, Ana Paula de Haro Lebrija and Claudia López Duplan have consolidated their company's renown within the interior design market as the best option for a different concept in living spaces. The firm's success is owed to its designers' unique vanguard style and handling of materials in a way that combines new ideas with Mexico's rich cultural heritage and influences. **Dentro's** core philosophy is to grasp the essence of each customer's needs and idiosyncrasies, and to translate that understanding into designs that fit the individual's lifestyle.

CASA DENTRO
México, D.F.

FOTÓGRAFO . PHOTOGRAPHER
Sebastián Saldívar

El diseño, el color y los materiales armonizan creando un ambiente contemporáneo y elegante.

The design and color combination with the materials harmonize to create an elegant, contemporary environment.

JAVIER VALENZUELA GOROZPE
FERNANDO VALENZUELA GOROZPE
GUILLERMO VALENZUELA GOROZPE

TERRÉS

Con la inquietud de satisfacer las necesidades de cada consumidor para amueblar espacios de acuerdo con determinadas especificaciones, los hermanos Valenzuela fundan **Terrés Muebles & Interiores** en 1991. A partir de entonces, de manera conjunta, han buscado y propuesto formas, antiguas o nuevas, de concebir la creación de espacios, con la única finalidad de responder a las exigencias del cliente. El resultado ha sido un trabajo versátil, con una gran diversidad de estilos, en el que cada proyecto que emprenden es único, porque su propósito es interpretar las aspiraciones y los sueños de cada cliente para traducirlos en muebles de la más alta calidad o en soluciones eficientes y creativas de donde pueden surgir lo mismo un clásico que un vanguardista.

Driven by the desire to meet every consumer's needs and specifications in interior design and furnishings, the Valenzuela brothers created Terrés Muebles & Interiores in 1991. Since then, they have constantly pursued new and old solutions for creating spaces that fully respond to their client's demands. The result has been a portfolio of versatile styles that reflect the firm's philosophy that each project is as unique as the hopes and dreams of each customer, and that translating those wishes into the highest quality furniture -be it a signature classic or vanguard solution- is the ultimate goal.

CASA BOSQUES
México, D.F.

FOTÓGRAFO . PHOTOGRAPHER
Ricardo Kischner

Espacios amplios inspirados en una decoración contemporánea que conforman una atmósfera de confort resaltando un estilo de vida único.

The generous spaces are ideal for a contemporary decorative concept that creates an atmosphere of comfort while highlighting a unique lifestyle.

DIRECTORIO

DIRECTORY

GUILLERMO ALMAZÁN C.
GERARDO VARELA E.

Independencia No. 106
San Nicolás Totolapan, Contreras,
México, D.F. 10900
tel. 5630 2518 / 1383 / 2893
fax. 5630 2768
galmazan@grupoinmobiliarioalco.com
www.grupoinmobiliarioalco.com

MARIANGEL ÁLVAREZ C.
COVANDONGA HERNÁNDEZ G.

Revolución No. 1495,
San Ángel,
México, D.F. 01040
tel. 5661 9385 - 5661 6204
fax. 5662 9789
mariangel@marqco.com
www.marqco.com

MARIO ARMELLA GULLETE
MARIO ARMELLA MAZA
ALEJANDRA PRIETO DE P.
CECILIA PRIETO DE MTZ.

marioarmella@prodigy.net.mx
tel. 5550 0292 / 0549 - 5616 4108

mercadotecnia@dupuis.com.mx
tel. 5520 1179 - 5540 0074 -5202 352

GRUPO INMOBILIARIO ALCO

MARQCÓ

ARMELLA ARQUITECTOS / DUPUIS

RUBÉN BASURTO GÓMEZ

Av. Ruiz Cortines No. 240 -206
Lomas de Atizapán,
Atizapán de Zaragoza,
Edo. de México, 52977
tel. 5825 1449 - 5825 1879
fax. 5825 0768
decoraggio@prodigy.net.mx
www.decoraggio.com

EMILIO CABRERO HIGAREDA
ANDREA CESARMAN K.
MARCO A. COELLO BUCK
GRUPO FRONDOSO

www.ccubicaarquitectos.com.mx
mcoello@ccubicaarquitectos.com
tel. 5259 3216

www.grupofrondoso.com.mx
frondoso@compuserve.com.mx
tel. 5290 8300

FERNANDO DE HARO LEBRIJA
JESUS FERNÁNDEZ SOTO
OMAR FUENTES ELIZONDO

Paseo de Tamarindos 400 B-102,
Bosques de las Lomas,
México, D.F., 05120
tel. 5258 0558 fax. 5258 0556
abax@abax.com.mx
www.abax.com.mx

AVELINO GÓNZALEZ ESPINOZA
MARIBEL GÓNZALEZ DE DANEL
BLANCA GONZÁLEZ DE O.
MELY GONZÁLEZ DE FURBER

Av. San Jerónimo 397-B
La Otra Banda,
México, D.F., 01090
tel. 5616 2500 fax. 5616 4601
covilha@igo.com.mx

GRUPO CORAGGIO

C'CUBICA / GRUPO FRONDOSO

ABAX ARQUITECTOS

COVILHA

ALEJANDRO HERRASTI ORDAZ

Av. México No. 99 - PH "C"
Hipódromo Condesa,
México, D.F. 06170
tel. 5574 0447 - 5574 0191 -
5545 4119
alejandroherrasti@prodigy.net.mx

ALFONSO LÓPEZ BAZ
JAVIER CALLEJA J.

Sur 128 No. 143, Local 2,
Cove Tacubaya
México, D.F. 01120
tel. 5515 5159 - 5271 5176
fax. 5271 4254
lbcarqs@prodigy.net.mx

FRANCISCO LÓPEZ-GUERRA A.

Blvd. Adolfo López Mateos No. 2484
San Ángel,
México, D.F. 01060
tel. 5550 3759 - 5616 0067
fax. 5616 2932
flga@museotec.net

INTEGRA, ARQUITECTURA E INTERIORES

GRUPO LBC

LÓPEZ-GUERRA ARQUITECTOS / MUSEOTEC

JUAN SALVADOR MARTÍNEZ
LUIS MARTÍN SORDO C.

México, D.F.
tel. 5568 8142 - 5568 8150
5568 8142
www.martinez-sordo.com

LAURA MERCADO PATIÑO

Calz. al Desierto de los Leones,
No. 52, Local G-2, San Ángel,
México, D.F. 01000
tel. 5616 4416 - 5550 4326,
fax. 5550 9858
lm@defirma.com.mx
www.defirma.com.mx

OLGA MUSSALI H.
SARA MIZRAHI E.

Iturrigaray No. 160,
Lomas de Chapultepec,
México, D.F. 11000,
tel. 5259 5913 - 5202 2931
fax. 5259 5985
cchic@prodigy.net.mx

LOUIS POIRÉ

Palmas No. 746,
Lomas de Chapultepec,
México, D.F. 11000
tel. 5202 0838 - 5202 0908,
fax. 5202 0729
info@modaincasa.com.mx
www.modaincasa.com

MARTÍNEZ - SORDO

DE FIRMA

C-CHIC

MODA IN CASA

ANTONIO RUEDA VENTOSA

Av. Paseo de la Reforma No. 2608
Piso 14-1410, Lomas Altas
México, D.F., 11950
tel. 5515 8700 - 5515 8711 - 5515 5441
artarquitectos@art.com.mx
www.art.com.mx

JAVIER VALENZUELA G.
FERNANDO VALENZUELA G.
GUILLERMO VALENZUELA G.

Av. Vasco de Quiroga No. 3800-529
Centro Comercial Santa Fe,
México, D.F., 05109
tel. 5570 3655 - 5261 1004
terres.com.mx

JAVIER SORDO MADALENO
ANA PAULA DE HARO LEBRIJA
CLAUDIA LÓPEZ DUPLAN

Moliere 222, local 1201
Polanco
México, D.F., 11560
tel. 5258 0743 - 5550 4016
dentro@dentro.com.mx
www.dentro.com.mx

ART ARQUITECTOS

TERRÉS

DENTRO

COLABORADORES

COLLABORATORS

GUILLERMO ALMAZÁN CUETO Y GERARDO VARELA ELIZONDO, Casa San Carlos, PROYECTO DE DISEÑO DE INTERIORES: Grupo Inmobiliario Alco, PROYECTO ARQUITECTÓNICO: Arq. Guillermo Almazán Cueto y Arq. Gerardo Varela Elizondo, **MARIANGEL ÁLVAREZ COGHLAN Y COVADONGA HERNÁNDEZ GARCÍA,** Casa Ixtapan, PROYECTO DE DISEÑO DE INTERIORES: Marqcó, PROYECTO ARQUITECTÓNICO: Arq. Alex Carranza y Arq. Gerardo Ruiz Díaz. Casa Cuernavaca, PROYECTO DE DISEÑO DE INTERIORES: Marqcó, PROYECTO ARQUITECTÓNICO: Arq. Alex Carranza y Arq. Gerardo Ruiz Díaz, Casa La Loma, PROYECTO DE DISEÑO DE INTERIORES: Marqcó, PROYECTO ARQUITECTÓNICO: Arq. Alex Carranza y Arq. Gerardo Ruiz Díaz. **MARIO ARMELLA G., MARIO ARMELLA M., ALEJANDRA PRIETO DE P. Y CECILIA PRIETO DE MTZ.,** Depto. Club de Golf Bosques, PROYECTO DE DISEÑO DE INTERIORES: Dupuis, PROYECTO ARQUITECTÓNICO: Armella Arqs. **RUBÉN BASURTO GÓMEZ,** Depto. Manhattan, PROYECTO DE DISEÑO DE INTERIORES: Grupo Coraggio, Paul Lyons, PROYECTO ARQUITECTÓNICO: Grupo Coraggio, Rubén Basurto Gómez. **EMILIO CABRERO H., ANDREA CESARMAN K. Y MARCO ANTONIO COELLO B.,** Depto. Frondoso Lomas Country, PROYECTO DE DISEÑO DE INTERIORES: C'Cúbica, PROYECTO ARQUITECTÓNICO: Grupo Frondoso. **FERNANDO DE HARO LEBRIJA, JESÚS FERNÁNDEZ SOTO Y OMAR FUENTES ELIZONDO,** Casa Hacienda Santa Fe, Casas Bosques de Santa Fe, Casa Punta Ixtapa, Casa Arcano I, Casa Arcano II, PROYECTO ARQUITECTÓNICO: Abax Arquitectos, Arq. Fernando de Haro L., Arq. Jesús Fernández S. y Arq. Omar Fuentes E. **AVELINO GONZÁLEZ E., MARIBEL GONZÁLEZ DE DANEL, BLANCA GONZÁLEZ DE O. Y MELY GONZÁLEZ DE F.,** Casa Brisa, PROYECTO DE DISEÑO DE INTERIORES: Covilha, PROYECTO ARQUITECTÓNICO: Arq. José Luis Barbará, Casa Desierto de los Leones, PROYECTO DE DISEÑO DE INTERIORES: Covilha, PROYECTO DE REMODELACIÓN: Arq. Avelino González. **ALEJANDRO HERRASTI ORDAZ,** Depto. Rincón del Bosque, PROYECTO DE DISEÑO DE INTERIORES: Integra, Arquitectura e Interiores, PROYECTO ARQUITECTÓNICO: Arq. Alejandro Herrasti O. **ALFONSO LÓPEZ BAZ Y JAVIER CALLEJA C.,** Depto. Sobre el Bosque 1, PROYECTO DE DISEÑO DE INTERIORES: LBC Arquitectos, COLABORADORES: Simón Hamui, Carlos Majluf, Juan Carlos Calanchini, PROYECTO ARQUITECTÓNICO DEL EDIFICIO: César Peli. **FRANCISCO LÓPEZ-GUERRA ALMADA,** Depto. Residencial Polanco, PROYECTO DE DISEÑO DE INTERIORES: López-Guerra Arquitectos-Museotec, PROYECTO ARQUITECTÓNICO: López-Guerra Arquitectos, Ramón Alonso, Isidro Cerqueda. **JUAN SALVADOR MARTÍNEZ Y LUIS MARTÍN SORDO,** Depto. Torre Loreto, PROYECTO DE DISEÑO DE INTERIORES: Martínez-Sordo, PROYECTO ARQUITECTÓNICO: Arq. José Luis Merino. Casa Club de Golf, PROYECTO DE DISEÑO DE INTERIORES: Martínez-Sordo, PROYECTO ARQUITECTÓNICO: Arq. Leticia Trigueros. **LAURA MERCADO PATIÑO,** Casa Pizarra, PROYECTO DE DISEÑO DE INTERIORES: De Firma, PROYECTO ARQUITECTÓNICO: Arq. Adolfo González Espinoza. **OLGA MUSSALI H. Y SARA MIZRAHI E.,** Depto. Verde, PROYECTO DE DISEÑO DE INTERIORES: C-Chic, PROYECTO ARQUITECTÓNICO: Arq. David Cherem, Depto. Naranja, PROYECTO DE DISEÑO DE INTERIORES: C-Chic, PROYECTO ARQUITECTÓNICO: Arq. Ricardo Sanz Crespo. **LOUIS POIRÉ,** Casa San Ángel, PROYECTO DE DISEÑO DE INTERIORES: Moda In Casa, PROYECTO ARQUITECTÓNICO: Louis Poiré. **ANTONIO RUEDA VENTOSA,** Penthouse Playamar, PROYECTO DE DISEÑO DE INTERIORES: Art Arquitectos, PROYECTO ARQUITECTÓNICO: José Wichers. **JAVIER SORDO MADALENO, ANA PAULA DE HARO Y CLAUDIA LÓPEZ DUPLAN,** Casa Dentro, PROYECTO DE DISEÑO DE INTERIORES: Dentro, PROYECTO ARQUITECTÓNICO: Arq. Javier Sordo Madaleno y Arq. Claudia López Duplan. **JAVIER VALENZUELA G., FERNANDO VALENZUELA G. Y GUILLERMO VALENZUELA G.,** Casa Bosques, PROYECTO DE DISEÑO DE INTERIORES: Terrés, PROYECTO ARQUITECTÓNICO: Arq. Javier Valenzuela, Arq. Fernando Valenzuela y Arq. Guillermo Valenzuela.

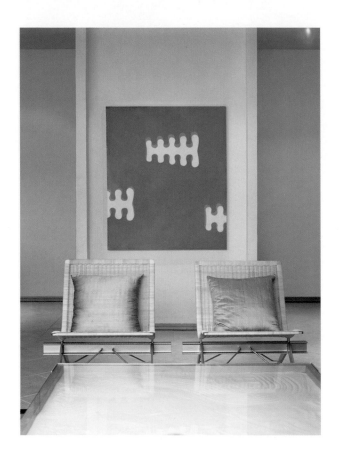

Se terminó de imprimir en el mes de septiembre del 2004
en Hong Kong. El cuidado de edición estuvo a cargo de
AM Editores S.A. de C.V.